BLAS AR GOGINIO

ANGELA WILKES
Addasiad Cymraeg gan Eluned Rowlands

Cymdeithas Lyfrau Ceredigion

© **Dorling Kindersley, 1989**
Cyhoeddwyd gyntaf gan Dorling Kindersley
Publishers Limited, 9 Henrietta Street,
Llundain WC2E 8PS

Dylunio: Roger Priddy
Ffotograffiaeth: David Johnson

ISBN gwreiddiol: 0 86318 356 5
Teitl gwreiddiol: *My First Cook Book*
Argraffiad Cymraeg cyntaf: 1990
ⓗ **y testun Cymraeg:** Eluned Rowlands, 1990

Cyhoeddwyd dan gynllun comisiynu'r
Cyngor Llyfrau Cymraeg.

Dymuna'r cyhoeddwyr gydnabod cymorth a chyfarwyddyd Adrannau'r Cyngor Llyfrau Cymraeg a noddir gan Gyngor Celfyddydau Cymru.

ISBN 0 948930 70 5

Cyhoeddwyd gan Gymdeithas Lyfrau Ceredigion Gyf.,
Aberystwyth, Dyfed.

CYNNWYS

COGINIO TRWY LUNIAU 4

OFFER ADDAS 6
MWY O OFFER 8

BISGEDI SBEISLYD 10
BISGEDI BOB SIÂP 12
EISING SYML 14

CWPANAU HUFEN IÂ 16
FFRINDIAU DONIOL 18

CYCHOD TATWS A CHAWS 20

PIZZAS DAU FUNUD 22
PIZZAS PARTI 24

FFWLBRI FFRWYTHAU 26

BARA SYDYN 28
TROI A THROSI 30

TEULU O EIRTH 32

CRWST PERFFAITH 34
TARTENNI FFRWYTHAU 36

QUICHES BACH 38

SIOC SIOCLED 40

TEISEN DDATHLU 42
TEISEN SMARTIES 44
TEISEN FLODAU 46

TRYFFLAU SIOCLED 48

Coginio Trwy Luniau

Dyma lyfr sy'n dangos gam wrth gam sut i wneud pob math o ddanteithion diddorol. Mae'r ryseitiau yn hawdd i'w dilyn ac yn dangos yn glir pa gynhwysion sydd eu hangen arnoch. Mewn byr amser byddwch yn gallu paratoi amrywiaeth o fwydydd yn union fel y rhai sydd yn y lluniau lliwgar. Ar ddiwedd pob rysáit ceir llawer o syniadau diddorol ar sut i addurno'r bwydydd. Isod, fe welwch y prif bwyntiau y disgwylir i chi sylwi arnynt ym mhob rysáit. Gyferbyn, fe welwch restr o'r rheolau sydd angen i bawb eu gwybod cyn dechrau coginio.

Sut i ddefnyddio'r llyfr hwn

Y cynhwysion
Bydd y lluniau llawn maint o'r cynhwysion yn fodd i'ch helpu i wneud yn siŵr fod eich mesuriadau'n gywir.

Cynyddu'r mesuriadau
Dywedir wrthych faint o ddanteithion a gewch wrth ddilyn y rysáit yn union. I gael mwy, dyblwch neu dreblwch y cynhwysion.

Offer addas
Mae'r lluniau hyn wrth ymyl pob rysáit yn dangos pa offer sydd eu hangen arnoch cyn dechrau coginio.

BISGEDI SBEISLYD

Bydd y cynhwysion hyn yn gwneud rhyw 25 o fisgedi. Gellwch eu torri'n siapiau diddorol a'u haddurno, os mynnwch chi, neu eu gadael yn blaen. Dangosir i chi sut i dorri ac addurno'ch bisgedi ar y pedwar tudalen nesaf.

Bydd angen

Menyn neu fargarin 75g (3 owns)

1 wy bychan

Blawd gwenith neu flawd gwyn plaen 275g (10 owns)

Triog melyn 50g (2 owns)

1 llond llwy de wastad o bowdwr codi

Siwgr coch meddal 100g (4 owns)

Sinamon 1 llond llwy bwdin

YR OFFER

Gwneud y toes

1 Rhowch y popty ar Farc 3 Nwy (170°C/325°F). Rhidyllwch y blawd a'r sinamon i'r bowlen, ychwanegu'r siwgr a'i gymysgu.

2 Ychwanegwch y menyn a'i dorri'n dalpiau llai. Rhwbiwch y blawd a'r menyn gyda'i gilydd â blaenau'ch bysedd hyd nes y bydd y cymysgedd fel briwsion.

3 Torrwch yr wy i mewn i jwg a chwipiwch ef â fforc. Ychwanegwch y triog melyn a chymysgu'r ddau hyd nes eu bod yn llyfn.

4 Gwnewch bant yn y blawd ac arllwys y cymysgedd wy iddo. Cymysgwch y cyfan yn dda hyd nes bod gennych belen fawr o does.

5 Rhowch y belen does mewn bag plastig, a'i gadael yn yr oergell am hanner awr. Bydd hyn yn ei gwneud yn haws i'w rhowlio.

6 Sgeintiwch dipyn o'r blawd ar y bwrdd ac ar y rholbren. Rholiwch y toes yn wastad i drwch o tua 0.5 cm (¼ mod.)

10

Trowch drosodd ar gyfer y cam nesaf. 11

Rheolau coginio

1 Peidiwch â dechrau coginio os nad oes oedolyn wrth law i'ch helpu.

2 Darllenwch bob rysáit yn fanwl cyn dechrau, er mwyn gwneud yn siŵr fod popeth y mae arnoch ei angen wrth law.

3 Golchwch eich dwylo a gwisgwch ffedog cyn dechrau coginio.

4 Pwyswch neu fesurwch yr holl gynhwysion yn ofalus.

5 Gwisgwch fenig pwrpasol i godi rhywbeth poeth a phan fyddwch yn rhoi pethau yn y popty/ffwrn ac yn eu tynnu allan.

6 Byddwch yn ofalus iawn wrth ddefnyddio cyllell finiog.

7 Gofalwch fod coesau'r sosbenni wedi'u troi tuag i mewn bob amser, fel na fyddwch yn eu bwrw drosodd.

8 Peidiwch byth â gadael y gegin pan fo gwres ymlaen ar yr eilch trydan neu nwy.

9 Diffoddwch y popty/ffwrn bob amser ar ôl gorffen coginio.

Cam wrth gam
Mae'r lluniau a'r cyfarwyddiadau clir yn dangos gam wrth gam beth i'w wneud yn y rysáit.

Symbol y faneg bopty/ffwrn
Mae'r symbol hwn yn golygu bod raid i chi ofyn i oedolyn am gymorth.

Yr addurniadau
Mae'r lluniau llawn maint yn dangos yn eglur sut i addurno'ch danteithion a pha gynhwysion i'w defnyddio.

BISGEDI BOB SIÂP

Torri'r toes

1 Defnyddiwch dorellau gwahanol i gael siapiau amrywiol. I wneud hyn rhaid gwasgu'r dorrell i mewn i'r toes ac yna'i chodi allan.

2 Defnyddiwch gyllell balet i godi'r bisgedi a'u gosod ar y tun pobi/crasu. Os oes gennych fwy na llond tun, gwnewch ddau bobiad.

3 Gellwch addurno'ch bisgedi cyn eu coginio, fel y dangosir isod, ond os ydych yn bwriadu rhoi eising arnynt, coginiwch nhw'n blaen.

Addurno'r bisgedi

Casglwch nifer o wahanol dorellau er mwyn cael bisgedi amrywiol. Gellwch wneud rhai ar ffurf pobl, anifeiliaid, haul a lleuad a sêr (a hyd yn oed ar ffurf deinosoriaid). Dyma rai syniadau ar gyfer eu haddurno.

Bydd angen

Ceirios sgleiniog

Cnau Ffrengig

Hadau sesame

Cyrens

Almonau wedi'u gwynnu

Bisgedi heb eu coginio

Coginio'r bisgedi

4 Rhowch y tun pobi ar silff uchaf y popty. Pobwch y bisgedi am 15-20 munud hyd nes y byddant yn frown euraidd.

5 Pan fyddant yn barod tynnwch y bisgedi allan a'u rhoi ar y rhesel. Byddant yn caledu wrth oeri.

Trefnu'r bisgedi

Gwnewch 'deulu' o bobl bisged a'u gosod yn drefnus ar blât, neu defnyddiwch blât glas fel llyn i roi hwyaid arno, neu fel awyr ar gyfer sêr.

Dyma'r bisgedi yn gynnes o'r popty/ffwrn

12

Trowch y tudalen i gael gwybod sut i roi eising ar y bisgedi.

13

Offer Addas

Yma ac ar y tri thudalen nesaf fe welwch yr holl offer sydd eu hangen arnoch i ddilyn y ryseitiau yn y llyfr hwn. Bydd angen clorian arnoch hefyd i bwyso'r cynhwysion. Wrth ochr pob rysáit mae rhestr o'r offer a ddylai fod wrth law gennych cyn dechrau coginio.

Brws crwst

Powlen fechan

Rhidyll

Powlen gymysgu

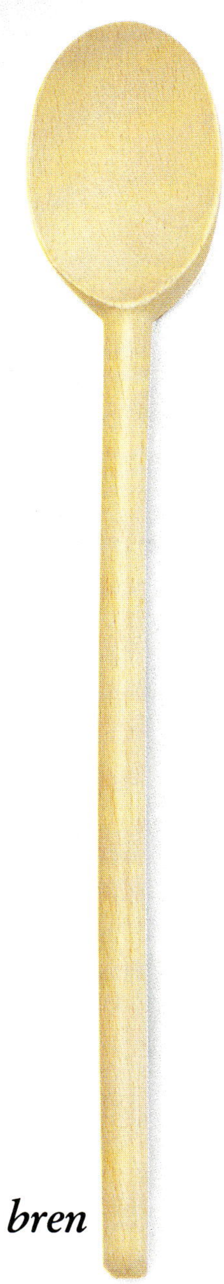

Llwy bren

Styllen falu

Ffedog

Rholbren

Cyllell finiog

Cyllell

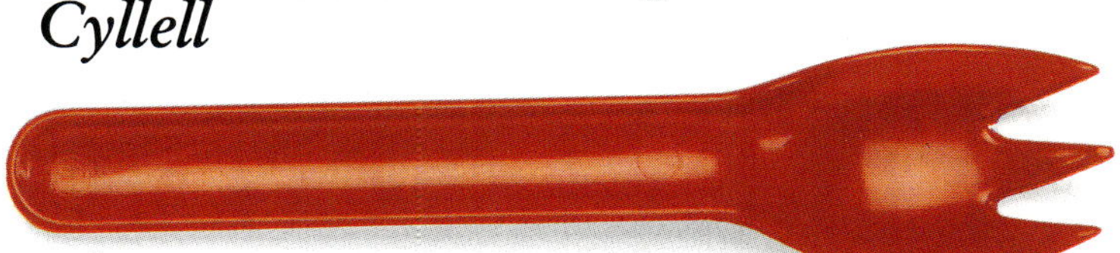

Fforc

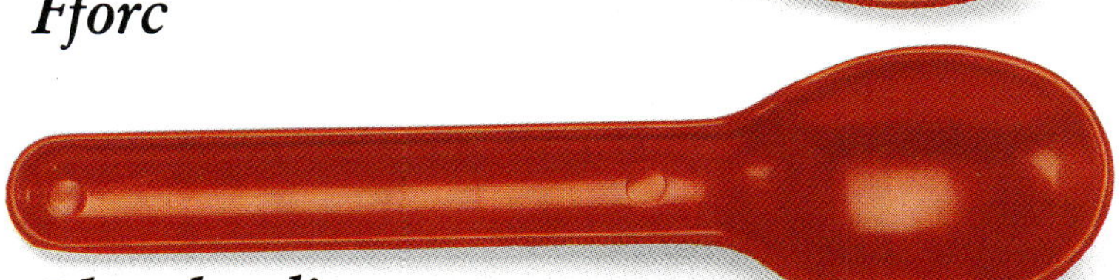

Llwy bwdin

Llwy de

Jwg fesur

Mwy o Offer

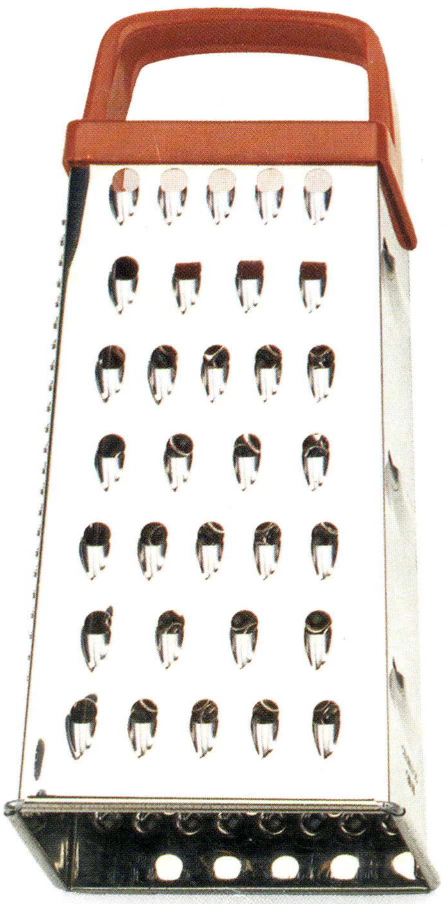

Crafell gaws

Maneg bopty/ffw

Rhesel oeri

2 dun teisen sbwng 20 cm (8 mod.)

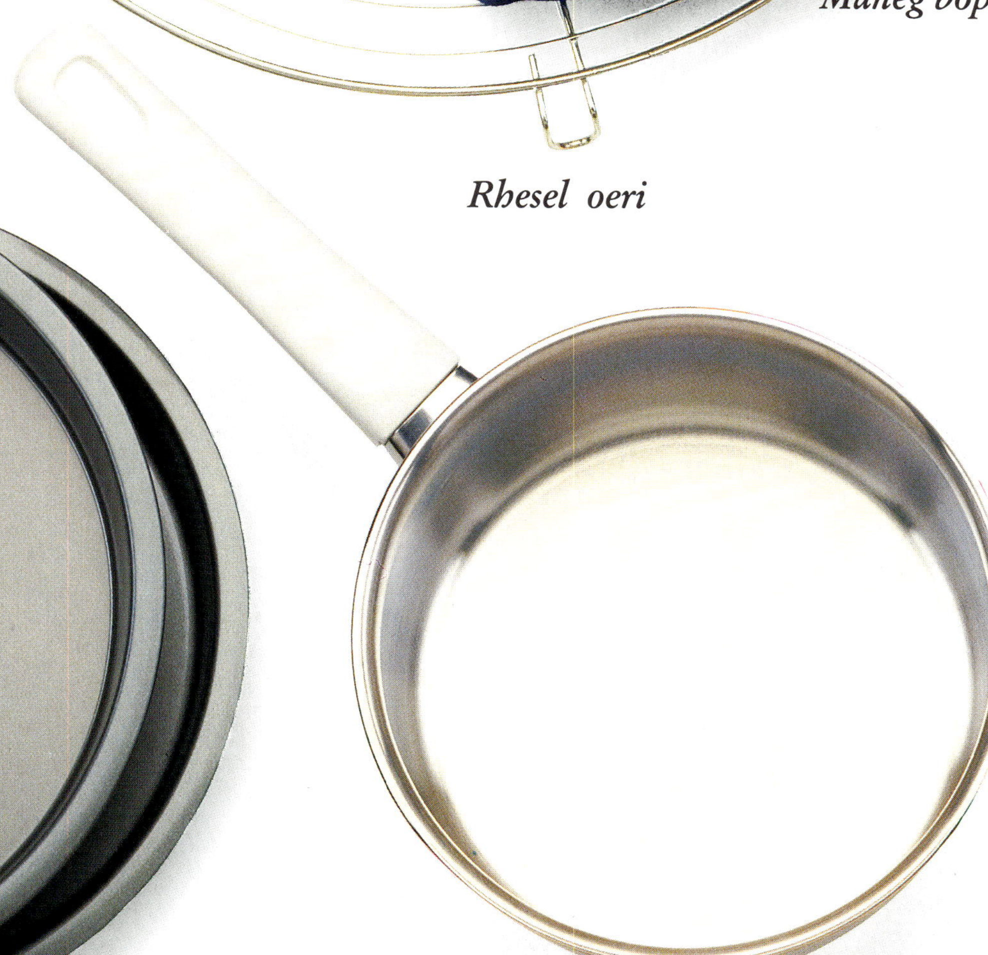

Sosban fechan

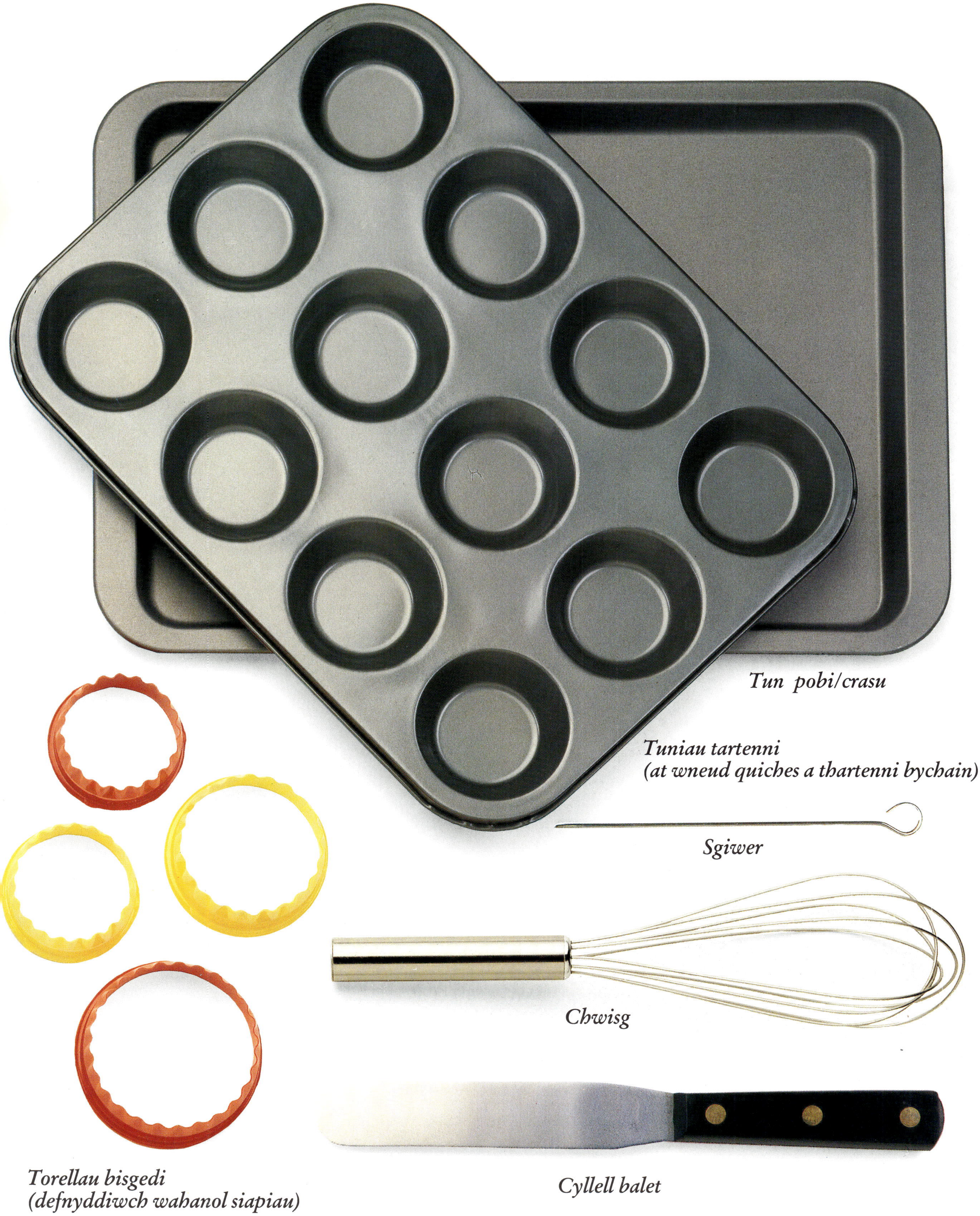
Tun pobi/crasu
Tuniau tartenni
(at wneud quiches a thartenni bychain)
Sgiwer
Torellau bisgedi
(defnyddiwch wahanol siapiau)
Chwisg
Cyllell balet

BISGEDI SBEISLYD

Bydd y cynhwysion hyn yn gwneud rhyw 25 o fisgedi. Gellwch eu torri'n siapiau diddorol a'u haddurno, os mynnwch chi, neu eu gadael yn blaen. Dangosir i chi sut i dorri ac addurno'ch bisgedi ar y pedwar tudalen nesaf.

Bydd angen

Menyn neu fargarîn 75g (3 owns)

1 wy bychan

Blawd gwenith neu flawd gwyn plaen 275g (10 owns)

Gwneud y toes

1 Rhowch y popty ar Farc 3 Nwy (170°C/325°F). Rhidyllwch y blawd a'r sinamon i'r bowlen, ychwanegu'r siwgr a'i gymysgu.

2 Ychwanegwch y menyn a'i dorri'n dalpiau llai. Rhwbiwch y blawd a'r menyn gyda'i gilydd â blaenau'ch bysedd hyd nes y bydd y cymysgedd fel briwsion.

3 Torrwch yr wy i mewn i jwg a chwipiwch ef â fforc. Ychwanegwch y triog melyn a chymysgu'r ddau hyd nes eu bod yn llyfn.

Triog melyn 50g (2 owns)

1 llond llwy de wastad o bowdwr codi

YR OFFER

Siwgr coch meddal 100g (4 owns)

Sinamon
1 llond llwy bwdin

4 Gwnewch bant yn y blawd ac arllwys y cymysgedd wy iddo. Cymysgwch y cyfan yn dda hyd nes bod gennych belen fawr o does.

5 Rhowch y belen does mewn bag plastig, a'i gadael yn yr oergell am hanner awr. Bydd hyn yn ei gwneud yn haws i'w rhowlio.

6 Sgeintiwch dipyn o'r blawd ar y bwrdd ac ar y rholbren. Rholiwch y toes yn wastad i drwch o tua 0.5 cm (¼ mod.)

Trowch drosodd ar gyfer y cam nesaf.

Bisgedi Bob Siâp

Torri'r toes

1 Defnyddiwch dorellau gwahanol i gael siapiau amrywiol. I wneud hyn rhaid gwasgu'r dorrell i mewn i'r toes ac yna'i chodi allan.

2 Defnyddiwch gyllell balet i godi'r bisgedi a'u gosod ar y tun pobi/crasu. Os oes gennych fwy na llond tun, gwnewch ddau bobiad.

3 Gellwch addurno'ch bisgedi cyn eu coginio, fel y dangosir isod, ond os ydych yn bwriadu rhoi eising arnynt, coginiwch nhw'n blaen.

Addurno'r bisgedi

Casglwch nifer o wahanol dorellau er mwyn cael bisgedi amrywiol. Gellwch wneud rhai ar ffurf pobl, anifeiliaid, haul a lleuad a sêr (a hyd yn oed ar ffurf deinosoriaid). Dyma rai syniadau ar gyfer eu haddurno.

Bydd angen

Ceirios sgleiniog

Cnau Ffrengig

Hadau sesame

Cyrens

Almonau wedi'u gwynnu

Bisgedi heb eu coginio

Trowch y tudalen i gael gwybod sut i roi eising ar y bisgedi.

Coginio’r bisgedi

4 Rhowch y tun pobi ar silff uchaf y popty. Pobwch y bisgedi am 15-20 munud hyd nes y byddant yn frown euraidd.

5 Pan fyddant yn barod tynnwch y bisgedi allan a’u rhoi ar y rhesel. Byddant yn caledu wrth oeri.

Trefnu’r bisgedi

Gwnewch ‘deulu’ o bobl bisged a’u gosod yn drefnus ar blât, neu defnyddiwch blât glas fel llyn i roi hwyaid arno, neu fel awyr ar gyfer sêr.

Dyma’r bisgedi yn gynnes o’r popty/ffwrn

EISING SYML

Os am fisgedi mwy ffansi, gellwch roi eising arnynt cyn eu haddurno. Rhaid pobi'r bisgedi'n blaen a gwneud yn siŵr eu bod wedi llwyr oeri cyn gwneud hynny. Dyma sut i wneud eising gwyn ac eising blas siocled.

Powdwr coco 25g (1 owns) (i'r eising siocled yn unig)

OFFER

Bydd angen

Siwgr eising 100g (4 owns)

Dŵr poeth 1 llond llwy fwrdd

Ceirios sgleiniog

1 Rhidyllwch y siwgr eising i'r bowlen fechan. Ychwanegwch y dŵr, fymryn ar y tro, gan gymysgu'r ddau yn llyfn.

2 Felly hefyd i wneud eising siocled, ond gan ddefnyddio 75g (3 owns) o'r siwgr eising a 25g (1 owns) o'r powdwr coco.

3 Rhowch ychydig o eising ar bob bisged a'i daenu'n wastad â chyllell wlyb. Peidiwch â phoeni os yw'n llifo dros yr ymylon mewn mannau.

Addurno'r bisgedi

4 Cyn i'r eising setio, addurnwch y bisgedi gyda'r pethau a welwch isod. Gellwch wneud patrymau, wynebau, anifeiliaid—unrhyw beth a fynnoch. Dyma rai syniadau.

Diferion siocled

Smarties

Vermicelli siocled

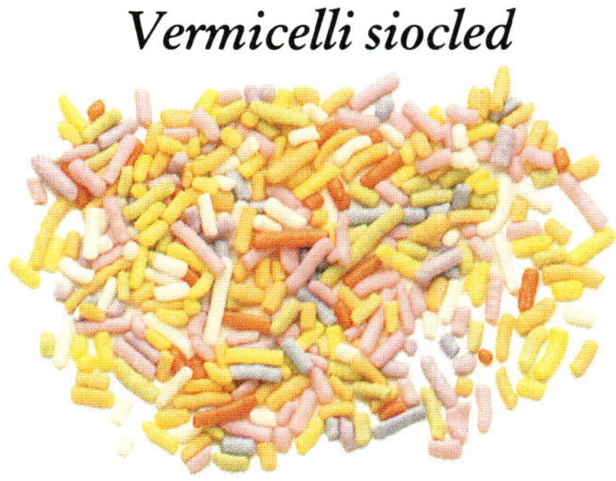

Cant a mil

CWPANAU HUFEN IÂ

Dyma bwdinau y cewch chi hwyl fawr yn eu paratoi. Y cyfan sydd ei angen arnoch yw hufen iâ, ychydig o sawsiau gwahanol, a digonedd o bethau blasus at addurno. Rhaid eu paratoi'n gyflym cyn i'r hufen iâ doddi. Rhowch nhw'n syth yn yr oergell neu'n well fyth, eu bwyta nhw! Ar y ddau tudalen nesaf cewch syniadau ar gyfer gwneud rhai doniol.

OFFER

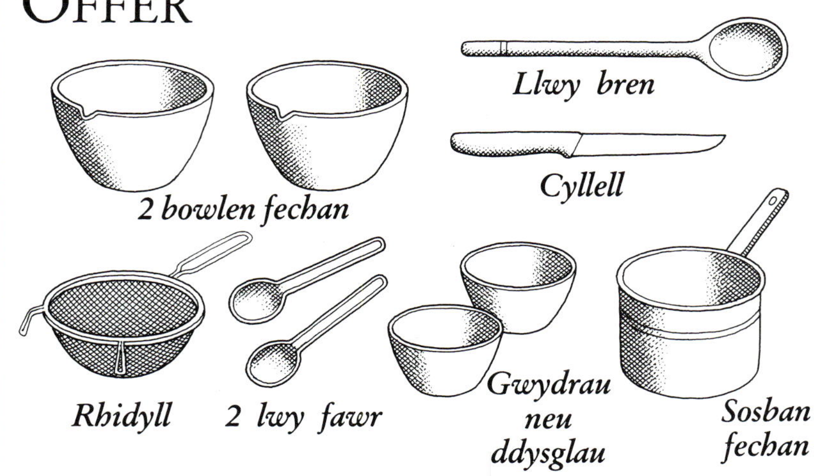

Bydd angen

Hufen iâ fanila

Hufen iâ siocled

Hufen iâ mefus

Addurniadau

Vermicelli siocled

Cant a mil

Cnau cymysg

Wafferi

Diferion siocled

Licoris

Ffrwythau ffres wedi'u sleisio

Paratoi'r sawsiau

Saws mafon

Mafon (ffres neu wedi'u rhewi) 150g (6 owns)

Siwgr mân 75g (3 owns)

Saws siocled

Siocled plaen 100g (4 owns)

3 llond llwy fwrdd o ddŵr

Saws mafon

1 Golchwch y mafon a'u gwasgu â llwy bren drwy'r rhidyll i'r bowlen.

2 Ychwanegwch y siwgr mân at y stwnsh mafon, ychydig ar y tro. Yna trowch y saws yn egnïol hyd nes y bydd y siwgr wedi toddi'n gyfan gwbl.

Saws siocled

1 Malwch y siocled a'i roi yn y bowlen fechan gyda'r dŵr. Twymwch ychydig o ddŵr mewn sosban hyd nes y bydd yn byrlymu'n dyner.

2 Gosodwch y bowlen ar y sosban hyd nes i'r siocled doddi. Diffoddwch y gwres a throwch y siocled hyd nes y bydd yn llyfn.

Trowch drosodd am syniadau ar addurno.

FFRINDIAU DONIOL

Drwy ddefnyddio'r cynhwysion a'r sawsiau ar y ddau dudalen blaenorol gellwch wneud pwdinau sy'n edrych yn debyg i flodau a phryfed lliwgar, neu gellwch arbrofi â'ch syniadau'ch hun. Yn gyntaf, rhowch yr hufen iâ yn y dysglau; yna ychwanegwch y sawsiau ac yn olaf yr addurniadau. Os byddwch yn defnyddio sgŵp i godi hufen iâ, cofiwch ei drochi mewn dŵr cynnes rhwng pob sgŵp. Mae'n haws codi'r hufen iâ fel hyn.

CADWALADR CACWN

PILI-PALA

BLODYN FFRWYTHAU

(digon i ddau)

LINDYS IÂ

(i dri pherson)

BUWCH GOCH GOTA

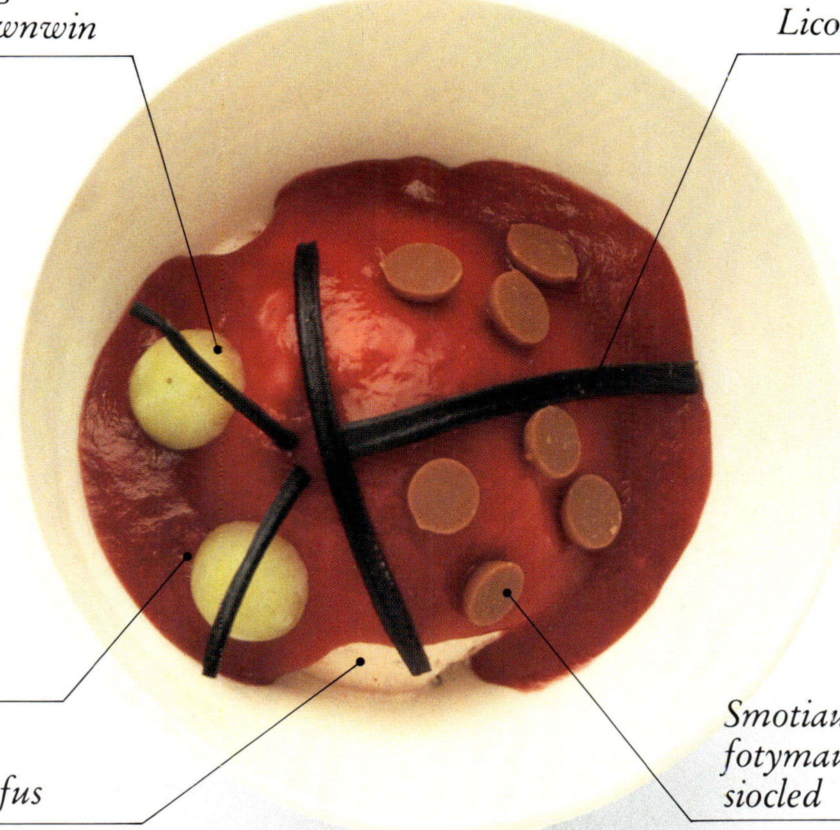

CYCHOD TATWS A CHAWS

Mae tatws trwy'u crwyn wedi'u stwffio yn bryd ynddynt eu hunain ac yn hawdd eu gwneud. Dyma rai syniadau anarferol ar sut i'w haddurno. Os nad oes gennych bopty/ffwrn microdon, mae tatws yn cymryd amser maith i goginio, felly rhowch nhw yn y popty o leiaf 1-1½ awr cyn y byddwch am eu bwyta*.

Ar gyfer dau berson bydd angen

2 gnapyn o fenyn

Caws wedi'i grafellu 50g (2 owns)

1 daten fawr lân

Defnyddiwch unrhyw un o'r canlynol fel addurniadau

Madarch botwm

Strimynnau o gucumer

Olifau duon wedi'u digaregu

Moron yn sleisys neu'n stribedi

Sleisen o gaws siâp triongl

Pupur wedi'i sleisio'n stribedi

Carpion letys

Berwr dŵr

OFFER

Powlen fechan

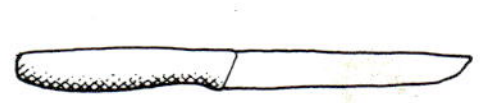

Cyllell

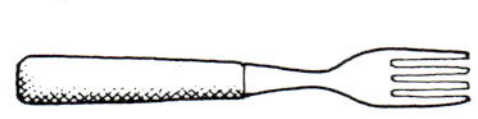

Fforc

Llwy fwrdd

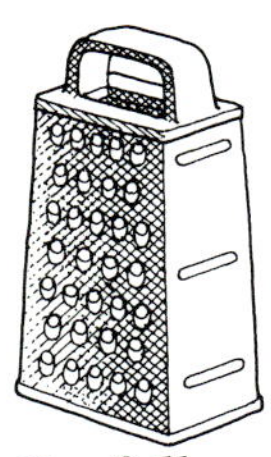

Crafell gaws

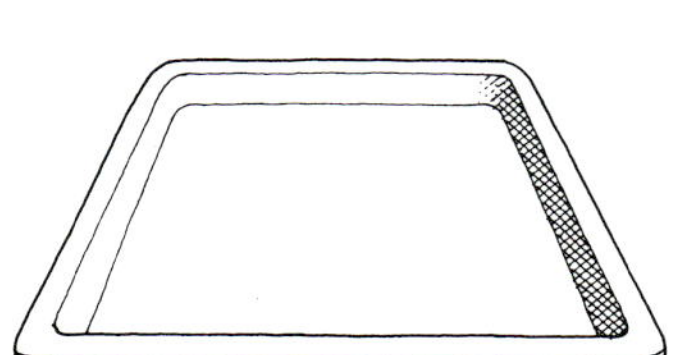

Tun pobi wedi'i iro

* *Gofynnwch i oedolyn a yw'r tatws yn barod. Gadewch y popty ymlaen ar gyfer cam 3.*

Coginio'r tatws

1 Rhowch y popty ar Farc Nwy 6 (200°C/400°F). Tyllwch groen y tatws a'u rhoi ar dun pobi wedi'i iro. Pobwch nhw am 1¼ awr*.

2 Ar ôl eu coginio, hanerwch y tatws ar eu hyd. Gan ddefnyddio llwy, crafwch ganol y daten allan i fowlen, a'i stwnsio. Ychwanegwch y menyn a'r caws.

3 Rhowch y cymysgedd yn ôl yng nghrwyn y tatws a'i lefelu'n wastad. Yna rhowch nhw'n ôl yn y popty am 15 munud arall.

* *Tyllwch groen y tatws yn ofalus â fforc neu sgiwer.*

Addurno'r tatws

Ar ôl coginio'r tatws am yr eildro, maent yn barod i'w haddurno. Dychmygwch eu bod yn gychod hwyliau, yn stemars neu'n gychod rhwyfo fel isod.

CWCH HWYLIO

Baner pupur melyn

Hwylbren pric coctel

Hwyl gaws

Dec o bupur coch

Olifau duon

CWCH RHWYFO

Rhwyfau moron

Dail berwr dŵr

Rhwyfau cucumer

Olifau duon

Môr o garpion letys

STEMAR LAWN

Stêm berwr dŵr

Cyrn coesau madarch a moron wedi'u sleisio

Pupur coch

PIZZAS DAU FUNUD

Dyma *pizza* hawdd a sydyn i'w wneud. Ar y tudalen hwn cewch wybod sut i wneud y *pizza* a'r saws, ac ar y tudalen nesaf mae syniadau am ychwanegiadau ac addurniadau. Mae'r cynhwysion isod yn gwneud 2 *pizza* 10cm (4 mod.).

Blawd-codi gwenith 150g (6 owns)

Ar gyfer y pizza bydd angen

Pinsiad o halen

Menyn neu fargarîn 40g (1½ owns)

3-4 llond llwy fwrdd o lefrith/llaeth

Caws wedi'i grafellu 50g (2 owns)

OFFER

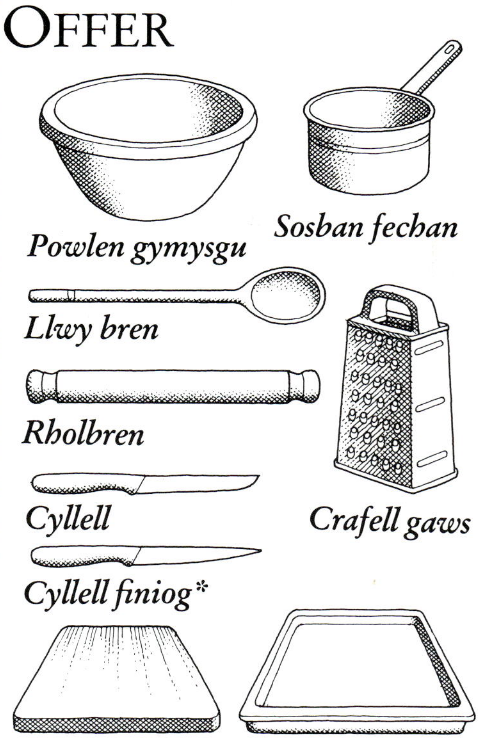

Powlen gymysgu
Sosban fechan
Llwy bren
Rholbren
Cyllell
Crafell gaws
*Cyllell finiog**
Styllen falu
Tun pobi wedi'i iro

Ac ar gyfer y saws

1 nionyn/wynwyn bychan

1 llond tun bychan o domatos

Pinsiad o halen a phupur

1 llond llwy bwdin o purée tomato

**Gofalwch eich bod yn cael cymorth oedolyn pan fyddwch yn trin cyllell finiog.*

Gwneud y saws

1 Rhowch y popty/ffwrn ar Farc Nwy 7 (220°C/425°F). Pliciwch a hanerwch y nionyn ac yna'i dorri'n fân ar y styllen falu.

2 Rhowch y nionyn wedi'i falu yn y sosban. Ychwanegwch y tomatos, y *purée* a'r pupur a halen a chymysgu'r cyfan yn dda.

3 Coginiwch y cymysgedd ar wres isel am tua 15 munud, gan droi'r cyfan o bryd i'w gilydd. Yna diffoddwch y gwres a'i adael i led-oeri.

Gwneud y toes

1 Tra bo'r saws yn coginio, gwnewch y toes. Rhowch y blawd, yr halen a'r menyn yn y bowlen gymysgu. Torrwch y menyn yn ddarnau.

2 Rhwbiwch y darnau menyn i'r blawd â blaenau'ch bysedd nes bod y cymysgedd fel briwsion.

3 Ychwanegwch y caws wedi'i grafellu a'r llefrith at y cymysgedd blawd. Cymysgwch y cyfan nes bod y toes yn belen lefn.

4 Rhennwch y toes yn ddwy belen a'u rholio'n gylch tua 10cm (4 mod.) ar draws.

5 Gosodwch y cylchoedd toes ar y tun pobi wedi'i iro. Taenwch y saws tomato drostynt, gan ei ledaenu'n wastad hyd at yr ymylon.

6 Addurnwch y *pizzas* (gwelwch y tudalen nesaf). Rhowch nhw yn y popty am 15–20 munud, nes bod yr ymylon yn frown euraidd.

Trowch i'r tudalen nesaf.

Pizzas Parti

Ar ôl i chi ddysgu gwneud *pizzas* cyffredin gellwch fentro ar rai mwy diddorol drwy eu haddurno, cyn eu coginio, â'r cynhwysion isod.

Caws wedi'i grafellu

Strimynnau o ham

Addurniadau

Olifau duon wedi'u digaregu

Sleisys o bupur

Sleisys o gaws ar ffurf sêr

Sleisys o selsig wedi'u coginio

Madarch wedi'u sleisio

Corn melys o dun

PIZZA EIDALAIDD

LLYGODEN HAPUS

PIZZA AMERICANAIDD

PIZZA CLOC

FFWLBRI FFRWYTHAU

Gellwch wneud ffwlbri ffrwythau ag unrhyw ffrwyth meddal sy'n hawdd ei stwnsio â fforc. Dyma sut i wneud ffwlbri mefus a ffwlbri banana. Mae modd gwneud pedwar ffwlbri bychan allan o'r ffrwythau a ddangosir ar y tudalen hwn.

Bydd angen

Hufen dwbwl neu iogwrt ¼ litr (½ peint)

Siwgr mân 25g (1 owns)

2 fanana fechan

*Darn o lemwn**

NEU: Mefus 220g (8 owns)

OFFER

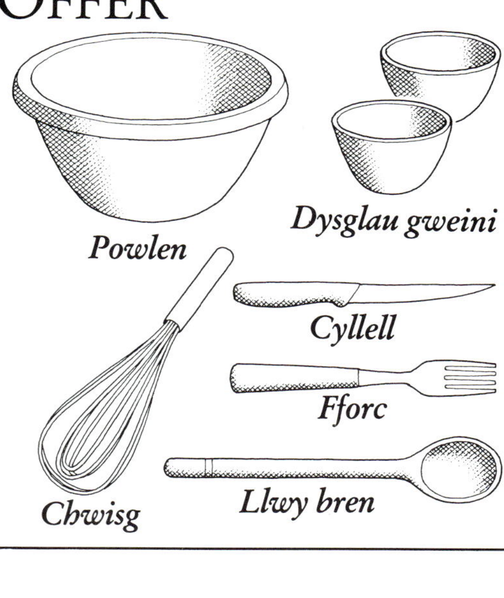

Addurniadau

Botymau siocled

Grawnwin di-had

Wafferi

Ceirios sgleiniog

Sleisys o ffrwythau kiwi

**Bydd diferyn o sudd lemwn yn rhwystro'r ffwlbri banana rhag newid ei liw.*

Dyma'r camau

1 Hanerwch y mefus neu blicio a sleisio'r ddwy fanana. Rhowch y ffrwythau mewn powlen a'u stwnsio â fforc hyd nes eu bod yn llyfn.

2 Chwisgiwch yr hufen neu'r iogwrt nes ei fod yn dew a'i ychwanegu gyda'r siwgr at y ffrwythau sydd wedi'u stwnsio. Cymysgwch yn dda.

3 Arllwyswch y cymysgedd ffrwythau i wydrau neu ddysglau gweini. Yna addurnwch nhw. Cewch rai syniadau isod.

BEDO'R CI

O fanana y gwnaed Bedo. Wafferi hirion yw ei glustiau, a rhai crwn yw ei lygaid, gyda botwm siocled yn y canol. Ceiriosen yw ei drwyn a sleisen o ffrwyth kiwi yw ei geg.

CADI'R GATH

Ffwlbri mefus yw Cadi'r Gath, a mefus wedi'u sleisio yw ei chlustiau. Grawnwin yw ei llygaid, waffer â botwm siocled yn y canol yw ei thrwyn, a sleisys tenau o ffrwyth kiwi yw ei whisgars.

BLODYN BLASUS

Ffwlbri mefus yw hwn wedi'i addurno fel blodyn, gyda sleisys o ffrwyth kiwi a cheirios sgleiniog a grawnwin yn y canol.

BARA SYDYN

Mae pobi bara'n hwyl. Ar y tudalennau hyn dangosir i chi sut i wneud y toes, ac ar y ddau dudalen nesaf sut i wneud rholiau a'u haddurno. Bydd y cynhwysion hyn yn gwneud rhyw wyth rhòlyn o fara. Trowch i dudalen 32 i weld sut i wneud teulu cyfan o eirth.

Bydd angen

Burum sych sy'n gweithio'n gyflym 3g (1/2 pecyn)

1 llond llwy bwdin o olew llysiau

Pinsiad mawr o halen

OFFER

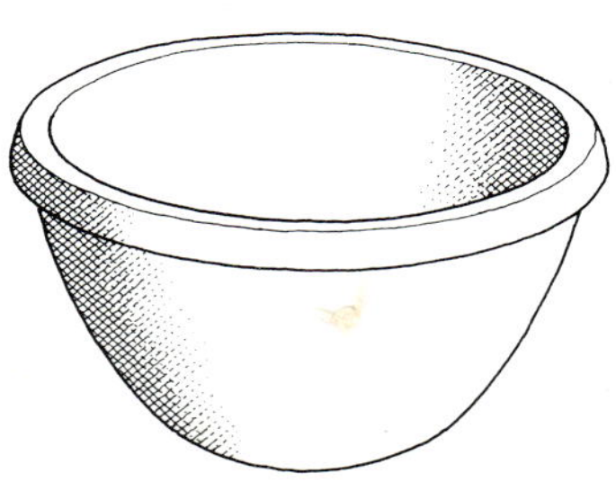

Powlen gymysgu

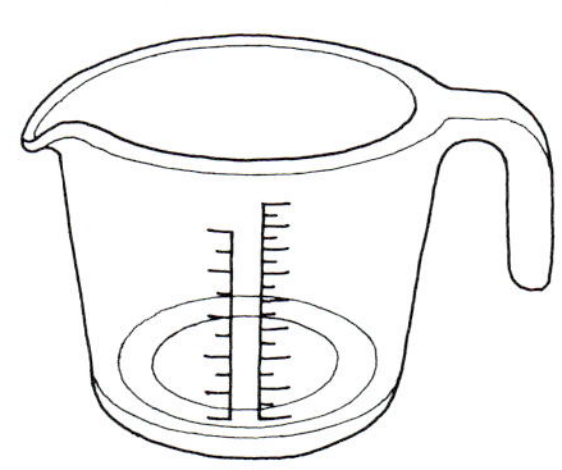

Jwg fesur

Siswrn cegin

Brws crwst

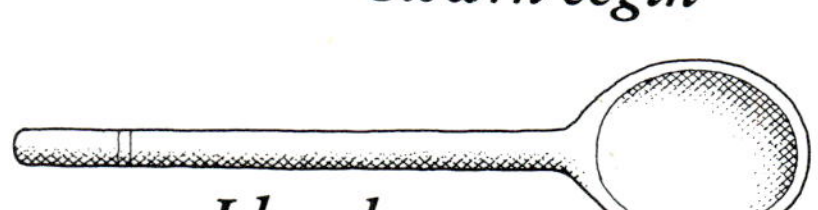

Llwy bren

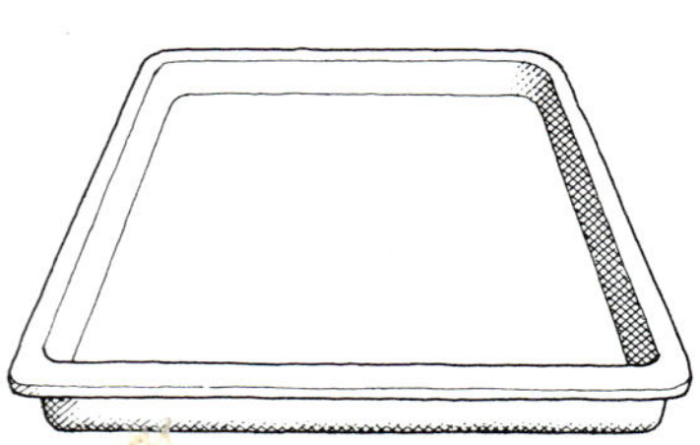

Tun pobi wedi'i iro

Rhesel oeri

Dŵr cynnes 210 ml (3/8 peint)

Blawd gwenith neu flawd gwyn plaen 350g (12 owns)

Gwneud y toes

1 Rhowch y ffwrn ar Farc Nwy 8 (230°C/450°F). Rhowch y blawd, y burum a'r halen yn y bowlen gymysgu. Ychwanegwch yr olew a'r dŵr.

2 Cymysgwch bopeth â'i gilydd yn does cadarn. Os yw'r toes yn ludiog, ychwanegwch ychydig o flawd, ond os yw'n rhy sych ychwanegwch ychydig o ddŵr.

3 Sgeintiwch dipyn o flawd ar y bwrdd cyn rhoi'r toes arno. Gwthiwch eich dwylo i'r toes a'i fowldio'n belen. Gwnewch hyn dro ar ôl tro am 5 munud.

4 Ffurfiwch y toes yn rholiau (gweler y tudalen nesaf). Rhowch nhw ar y tun pobi wedi'i iro, a'i osod mewn man cynnes*.

5 Pan fydd y rholiau wedi dyblu yn eu maint, gellwch eu haddurno yn ôl eich dymuniad (gwelwch y tudalen nesaf).

6 Pobwch nhw am 15 i 20 munud. Pan fyddant yn barod, byddant yn swnio'n wag wrth i chi eu taro'n ysgafn oddi tanynt. Rhowch nhw ar y rhesel o

*Gofynnwch i oedolyn awgrymu man cynnes lle bydd y burum yn gweithio a'r bara'n codi.

TROI A THROSI

Gellwch wneud rholiau bara o wahanol siapiau, a'u haddurno â phob math o wahanol hadau.

I wneud y rholiau rhaid rhannu'r toes yn wyth darn o'r un maint. Yna dilynwch y cyfarwyddyd ar y dde. Cofiwch y bydd y toes yn chwyddo wrth i'r burum weithio, ac y bydd y rholiau wedi dyblu yn eu maint ar ôl eu crasu.

Addurno'r rholiau

Pan fydd y rholiau wedi codi ac yn barod i'w pobi, gellwch eu haddurno ag unrhyw beth a ddangosir isod. Bydd angen wy wedi'i guro a brws crwst arnoch hefyd, os ydych am roi sglein euraidd iddynt.

Bydd angen

Hadau sesame

Hadau carwe

Hadau pabi

Cyrens

Brwsiwch y rholiau'n ysgafn â'r wy wedi'i guro. Sgeintiwch yr hadau drostynt a'u gwasgu'n dyner i'w lle. Mae'r rholiau bellach yn barod i'w pobi (gweler y tudalen blaenorol).

CRWBAN
Glynwch beli bychain o does o gwmpas y rhòlyn i wneud pedair coes, pen a chynffon. Marciwch wyneb y rhòlyn fel cragen.

DRAENOG PIGOG
Ffurfiwch drwyn pigog ar un pen i'r rhòlyn. Defnyddiwch siswrn i wneud pigiadau dros y gweddill, sef corff y draenog.

Wy wedi'i guro

Rhòlyn ar ffurf blodyn wedi'i sgeintio â hadau carwe.

Draenog pigog â'i drwyn a'i lygaid o gyrens.

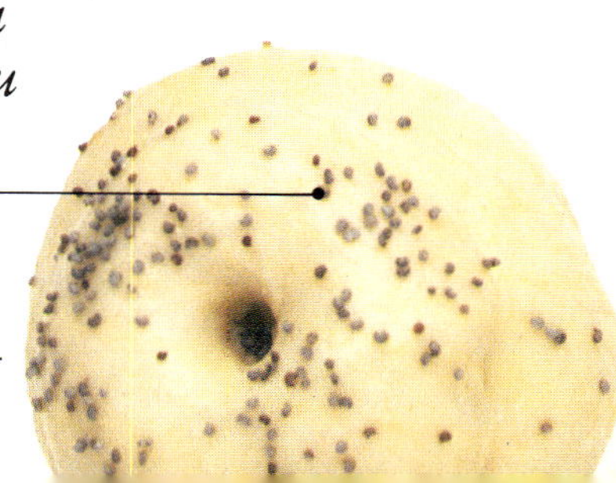

Rhòlyn pen-bach a sgeintiwyd â hadau pabi.

RHÒLYN PEN-BACH
Gwnewch belen o does sy'n llai na'r lleill. Brwsiwch ei gwaelod â dŵr. Gosodwch hi ar ben rholyn mwy a gwnewch dwll yn ei chanol.

MALWEN
Rholiwch belen o does ar ffurf selsig. Brwsiwch un ochr â dŵr. Troellwch un pen y toes yn gylch i ffurfio cragen y falwen, gan adael y gweddill i ffurfio'r corff.

BLODYN TOES
Mae angen gwastatáu ychydig ar y belen does. Rhiciwch o gwmpas ymylon y toes â siswrn cegin er mwyn rhoi petalau ar y blodyn.

Dyma'r rholiau'n gynnes o'r popty

Teulu o Eirth

Defnyddiwch y rysáit ar dudalen 28 i wneud yr eirth hyn, ond cofiwch ddyblu'r cynhwysion. Ar ôl gwneud y toes rhennwch ef yn dair pelen o wahanol faint. Bydd angen addurniadau arnoch hefyd, a thun pobi mawr wedi'i iro a siswrn cegin neu gyllell.

Addurniadau

1 wy wedi'i guro

Hadau sesame

Hadau pabi

Cyrens

Caws wedi'i grafellu

Gwneud yr eirth

1 Rhennwch belen o does yn ei hanner. Rholiwch y naill hanner yn belen fawr i wneud corff yr arth. Rhowch ef ar y tun pobi a'i wasatatáu ychydig.

2 Rhennwch y gweddill yn ddau hanner. Rholiwch y naill yn belen fechan, a'r llall ar ffurf selsigen 15cm (6 mod.) o hyd.

3 Brwsiwch un ochr o'r belen fach ag wy. Glynwch hi wrth gorff yr arth gan ei gwthio ychydig oddi tano i wneud y pen.

4 Torrwch ymaith ddarn o'r selsigen. Brwsiwch un ochr ohono ag wy a glynwch ef ar wyneb yr arth gan ei binsio i wneud iddo edrych fel trwyn.

5 Torrwch ddau ddarn bychan ar gyfer y clustiau a phedwar darn mwy ar gyfer y coesau. Gosodwch nhw yn eu lle o dan gorff a phen yr arth.

6 Gan ddefnyddio'r siswrn neu'r gyllell rhiciwch flaenau coesau'r arth i roi argraff o grafangau ar bawen.

Mae'r eirth ar godi

7 Gwnewch yr holl eirth fel hyn. Rhowch liain llestri drostynt a'u gadael mewn man cynnes i godi am tuag awr, hyd nes eu bod wedi dyblu yn eu maint. Yna brwsiwch nhw'n ysgafn â'r wy wedi'i guro er mwyn rhoi sglein arnynt, a defnyddiwch gyrens fel llygaid. Yn awr, gellwch ychwanegu addurniadau eraill fel y dymunwch.

Crasu'r eirth

8 Pobwch yr eirth yn y ffwrn (gweler tudalen 29) am 20–25 munud yn ôl eu maint, hyd nes eu bod yn frown euraidd. Yna rhowch nhw ar y rhesel oeri.

MAMI ARTH

Cyrens fel llygaid

Cafodd Mami Arth ei brwsio ag wy wedi'i guro ac yna'i sgeintio â hadau sesame.

DADI ARTH

Cyrens fel llygaid

Cafodd Dadi Arth ei frwsio ag wy wedi'i guro ac yna, cyn ei bobi, ei sgeintio â chaws wedi'i grafellu.

BABI ARTH

Cyrens fel llygaid

Cafodd Babi Arth ei frwsio ag wy wedi'i guro ac yna'i addurno â hadau pabi.

Crwst Perffaith

Yma, ac ar y pum tudalen nesaf, cewch wybod sut i wneud tartenni ffrwythau a *quiches* bach blasus. Ar y ddau dudalen yma, dangosir i chi sut i wneud casys crwst. Bydd y cynhwysion hyn yn gwneud tua deg ar hugain o dartenni bychain, yn ôl maint y tuniau a ddefnyddiwch.

Bydd angen

Siwgr mân 25g (1 owns) (i dartenni melys yn unig)

Tua 3 llond llwy fwrdd o ddŵr

Menyn neu fargarîn calori isel 100g (4 owns)

Pinsiad o halen

Blawd gwenith neu flawd gwyn plaen 225g (8 owns)

Offer

Gwneud y crwst

1 Rhowch y popty ar Farc Nwy 6 (200°C/400°F). Rhowch y blawd, y menyn a'r halen yn y bowlen gymysgu. Darniwch y menyn.

2 Rhwbiwch y menyn i mewn i'r blawd â blaenau'ch bysedd nes bod y cymysgedd yn debyg i friwsion. Ychwanegwch siwgr os am dartenni melys.

3 Ychwanegwch y dŵr, ychydig ar y tro, a'i gymysgu nes bod gennych belen feddal o does sy'n dod yn glir o'r bowlen gan adael ei hochrau'n lân.

4 Sgeintiwch flawd ar y bwrdd ac ar eich rholbren. Rhowch y toes ar y bwrdd a'i rolio hyd nes ei fod yn eithaf tenau.

5 Dewiswch dorrell neu gwpan sydd ychydig yn fwy na maint y tuniau tartenni, a thorrwch gylchoedd yn y toes.

6 Rhowch y cylchoedd crwst yn y tuniau a'u gwasgu i lawr i ffitio.

Tartenni melys

7 Tyllwch y crwst ar waelod y tuniau â fforc. Rhowch nhw yn y popty a'u pobi am 15 munud nes bydd y crwst yn frown euraidd.

8 Gadewch i'r tuniau oeri cyn tynnu'r casys crwst allan â chyllell a'u rhoi nhw ar y rhesel oeri. Dangosir sut i'w llenwi ar y tudalen nesaf.

Tartenni sawrus

9 Ychwanegwch y llenwad (gweler tud. 38–39). Yna rhowch y tartenni yn y popty i bobi am 20 munud nes bod y llenwad wedi setio.

Trowch i'r tudalennau nesaf am syniadau ar sut i'w llenwi.

TARTENNI FFRWYTHAU

I wneud y tartenni ffrwythau hyn, craswch y casys crwst yn gyntaf (gweler y tudalen blaenorol). Yna llenwch nhw â ffrwythau a'u sgleinio â jam wedi'i doddi. Defnyddiwch ffrwythau meddal fel y rhai isod, gan na fydd angen eu coginio.

Bydd angen

450g (1 pwys) o ffrwythau megis:

Casys crwst melys wedi'u coginio

Afal pîn ffres neu o dun

Mafon

Mwyar duon

Grawnwin di-had

OFFER

Sosban fechan

Cyllell finiog

Llwy bren

Brws crwst

Orenau mandarin o dun

Jeli cyrens coch (neu jam bricyll wedi'i ridyllu) 100g (4 owns)

Llenwi'r tartenni

1 Gwnewch sglein i'r tartenni trwy doddi'r jeli cyrens coch neu'r jam bricyll wedi'i ridyllu mewn sosban fechan dros wres isel.

2 Brwsiwch du mewn y casys crwst â'r sglein. Golchwch y ffrwythau ffres a hidlwch y ffrwythau tun. Hanerwch y grawnwin.

3 Trefnwch y ffrwythau yn y casys crwst, fel isod. Yna brwsiwch y ffrwythau gyda'r sglein, fydd yn setio wrth iddo oeri.

Y tartenni gorffenedig

Gosodwch y darnau mandarin mewn cylch fel hyn.

Mafonen a chylch o fwyar duon o'i chwmpas sydd yn y darten hon.

Defnyddiwch sleisys o rawnwin, pedwar darn o afal pîn a grawnwin yn y canol.

Defnyddiwch afal pîn, darnau mandarin, mafon a grawnwin wedi'u haneru.

Yma, gosodwyd grawnwin yn y canol rhwng dau ddarn o afal pîn.

Darnau mandarin a mwyar duon sydd yn y darten hon.

QUICHES BACH

Wrth wneud *quiches* neu dartenni sawrus, cofiwch lenwi'r casys crwst cyn eu coginio. Gellwch ychwanegu nifer o bethau at y llenwad sylfaenol o wyau a llaeth. Ceir rhai awgrymiadau isod.

Bydd angen

Llefrith/llaeth 200ml ($\frac{1}{3}$ peint)

2 wy

Casys crwst heb eu coginio a heb siwgr (gweler tud. 34–35)

Sibolen wedi'i malu

Yn ogystal â'r cynhwysion hyn

Sleisys tomatos

Stribedi o ham

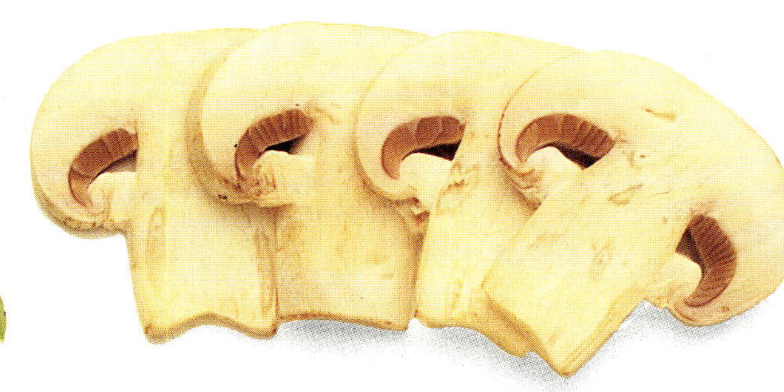

Sleisys madarch

Sleisys tenau o gennin

Caws wedi'i grafellu

Llond tun o bysgodyn tiwna

OFFER

Cyllell

Fforc

Crafell gaws

Styllen falu

Jwg fesur

Dyma'r camau

1 Sleisiwch y tomatos a'r madarch. Torrwch yr ham a'r sibolen. Hidlwch y tiwna a chrafellu'r caws.

2 Torrwch yr wyau i'r jwg fesur a'u curo'n dda â fforc. Ychwanegwch y llefrith a chwipio'r cyfan i'w gilydd.

3 Trefnwch y llenwadau yn y casys crwst, ac arllwyswch y cymysgedd wyau drostynt. Rhowch nhw yn y popty am 20 munud (gweler tud. 35).

Y *quiches* gorffenedig

Cymysgedd o bysgodyn tiwna a sibolen sydd yn y quiche *hwn.*

Rhoddwyd sleisys o gennin yn y quiche *hwn a stribedi o ham i'w addurno.*

Defnyddiwyd pysgodyn tiwna a sleisys tomato i'r quiche *hwn.*

Sleisys tomato ar ben caws wedi'i grafellu sydd yn y fan hon.

Llanwyd y quiche *hwn â sleisys o fadarch.*

SIOC SIOCLED

Gellwch wneud melysion cartref hyfryd drwy drochi ffrwythau a chnau mewn siocled wedi'i doddi. Gwnewch felysion fel y rhai isod a'u gosod mewn casys bach prydferth. Maen nhw'n gwneud addurniadau hardd ar gyfer cacen arbennig, os na fyddwch wedi'u bwyta nhw i gyd yn syth bin!

OFFER

Powlen fechan

Sosban fechan

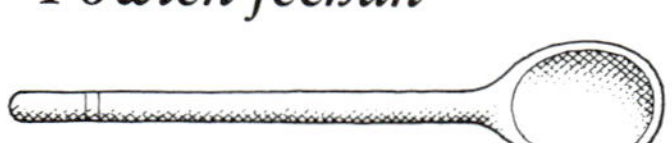

Llwy bren

Priciau coctel

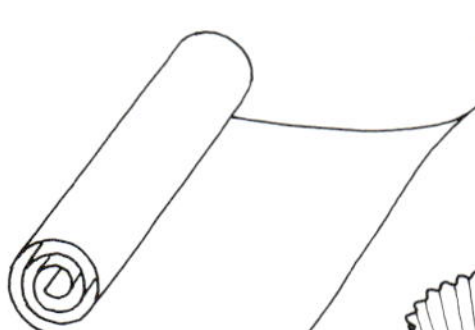

Papur cwyr

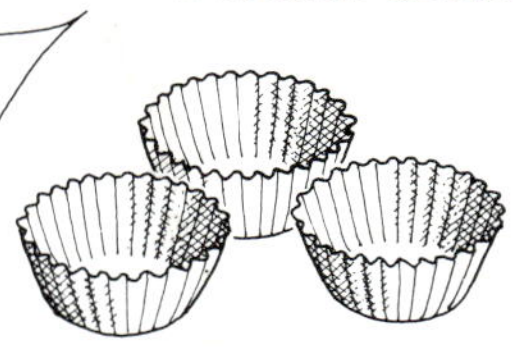

Casys bach papur

Bydd angen

Siocled plaen 150g (6 owns)

Ceirios

Darnau mandarin

Cnau Brasil

Almonau wedi'u gwynnu

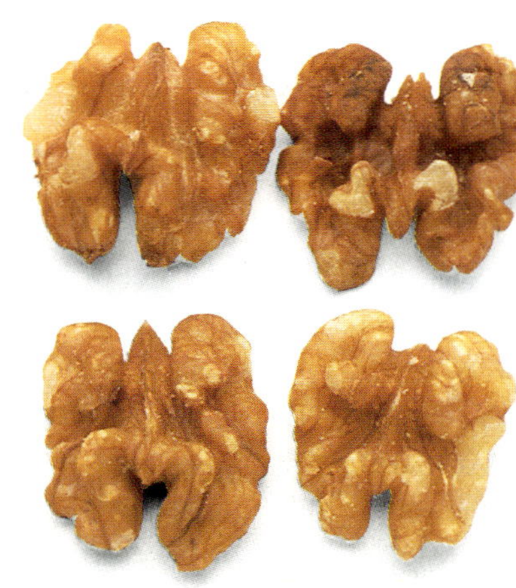

Cnau Ffrengig

Toddi'r siocled

1 Torrwch y siocled yn ddarnau yn y bowlen. Cynheswch rywfaint o ddŵr mewn sosban dros wres isel hyd nes ei fod yn dechrau byrlymu.

2 Rhowch y bowlen dros y sosban ar wres isel. Cymysgwch y siocled â llwy bren hyd nes ei fod wedi toddi'n llwyr.

3 Diffoddwch y gwres. Yn ofalus symudwch y sosban a'r bowlen oddi ar y cwcer a'u rhoi ar fat neu liain sychu llestri.

Mefus

Grawnwin di-had

Trochi'r cnau a'r ffrwythau

4 Rhowch ddarn o ffrwyth ar y pric coctel a'i drochi hyd at ei hanner yn y siocled. Yna rhowch ef ar bapur cwyr i sychu.

5 Defnyddiwch eich bysedd i drochi'r cnau hyd at eu hanner yn y siocled toddedig. Gadewch iddynt sychu ar y papur cwyr.

Bwyta'r melysion

Wedi i'r siocled sychu, rhowch y melysion mewn casys papur. Maen nhw'n edrych yn hyfryd wedi'u gosod yn batrwm diddorol ar blât.

TEISEN DDATHLU

Ar adegau arbennig—parti pen-blwydd neu ddathliadau eraill—mae'n braf gallu gwneud teisen arbennig. Dyma rysáit cacen sbwng ysgafn a hyfryd sy'n addas i'w haddurno fel y mynnoch. Dangosir sut i'w gwneud isod, ac ar y tudalennau sy'n dilyn cewch syniadau amrywiol ar sut i'w haddurno.

Bydd angen

Menyn neu fargarîn meddal
150g (6 owns)

Blawd gwenith neu flawd gwyn plaen
150g (6 owns)

Gwneud y deisen

1 Rhowch y popty ar Farc Nwy 4 (180°C/350°F). Irwch y ddau dun sbwng yn dda.

2 Rhowch y menyn/margarîn a'r siwgr yn y bowlen gymysgu a'u curo nhw â'r llwy bren hyd nes bod y cyfan yn wyn ac yn ysgafn.

3 Curwch yr wyau mewn powlen fechan. Ychwanegwch nhw'n raddol at y menyn a'r siwgr gan guro'n dda bob tro hyd nes bod y cyfan yn llyfn.

3 wy

Siwgr mân 150g (6 owns)

OFFER

Powlen gymysgu

Fforc

Llwy bren

2 dun teisen sbwng 20cm (8 mod.)

Powlen fechan

Rhesel oeri

Powdwr codi
$1\frac{1}{2}$ llond llwy de

4 Rhidyllwch y blawd a'r powdwr codi i mewn i'r cymysgedd gan eu cymysgu'n dda. Dylai'r cyfan fod yn ysgafn a meddal.

5 Rhowch hanner y cymysgedd ym mhob un o'r tuniau teisen gan ei wastatáu yn llyfn. Rhowch y tuniau yn y popty am 20 i 25 munud.

6 Bydd y teisennau'n barod pan fyddant wedi codi'n dda, ac yn frown-euraidd o ran lliw. Trowch nhw allan o'r tuniau a'u rhoi ar y rhesel oeri.

Trowch drosodd i'r tudalen nesaf.

TEISEN SMARTIES

Mae'r deisen hon wedi'i llenwi a'i haddurno ag eising menyn blas siocled. Copïwch yr iâr gyferbyn neu lluniwch lun arall.

OFFER

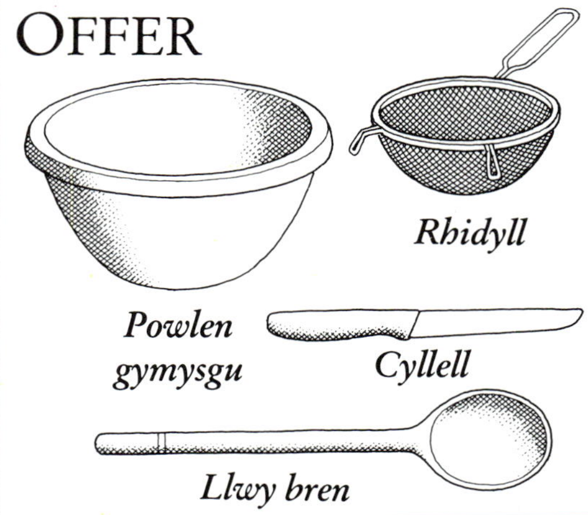

Bydd angen

Llefrith/llaeth 15–30 ml (1–2 llond llwy fwrdd)

Powdwr coco 15ml (1 llond llwy fwrdd)

Menyn meddal neu fargarîn 75g (3 owns)

Siwgr eising 150g (6 owns)

Paratoi'r eising

1 Rhowch y menyn yn y bowlen a'i dorri'n ddarnau. Curwch ef yn galed â llwy bren nes ei fod yn feddal ac yn ysgafn.

2 Rhidyllwch y siwgr eising a'r powdwr coco i'r bowlen, ychydig ar y tro. Hufennwch y cyfan yn dda. Yna ychwanegwch y llaeth.

3 Pan fo'r teisennau wedi oeri, taenwch hanner yr eising dros un ohonynt. Gosodwch y deisen arall ar ei phen a thaenu gweddill yr eising drosti.

**Trowch drosodd i'r tudalen nesaf i weld teisen addurnedig arall.*

Llunio'r Iâr Fach Bert

4 Yn awr, addurnwch y deisen. Gwasgwch y melysion yn gadarn i'r eising. Dechreuwch gyda'r ymyl, yna gwnewch y nyth ac yn olaf yr iâr.

Smarties

Almonau wedi'u gwynnu

Cant a mil

Diferion siocled

Y deisen orffenedig

TEISEN FLODAU

Mae'r deisen hon wedi'i llenwi â jam, a'i haddurno â blodau crisialog—blodau a phetalau briallu amryliw a chroeso'r gwanwyn. Wrth gwrs, gellwch ddefnyddio unrhyw flodyn bychan sy'n ddiogel i'w fwyta (holwch eich rhieni'n gyntaf). Bydd y ffrwythau a'r blodau'n cymryd 2–3 awr i sychu, felly gofalwch fod gennych ddigon o amser.

Bydd angen

1 wy

**Eising gwyn, sef siwgr eising 175g (7 owns) a 3 llond llwy fwrdd o ddŵr poeth*

Dyma'r camau

1 Craciwch yr wy dros bowlen. Trosglwyddwch y melynwy o un hanner y plisgyn i'r llall, fel bod y gwynnwy yn disgyn i'r bowlen.

2 Chwipiwch y gwynnwy hyd nes ei fod yn ewynnog. Gosodwch blât o dan y rhesel oeri, a pheintiwch y blodau a'r grawnwin â'r gwynnwy.

3 Sgeintiwch haenen o siwgr dros y blodau. Trochwch y grawnwin yn y siwgr ac yna gadewch i'r blodau a'r grawnwin sychu.

OFFER

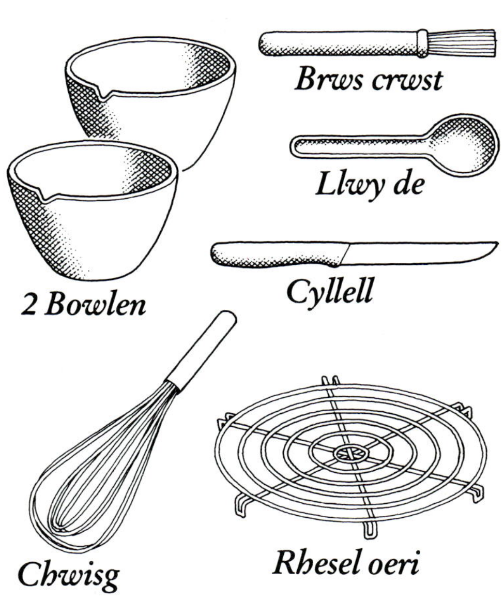

4 Taenwch jam ar y ddwy deisen a rhoi un ar ben y llall. Gwnewch yr eising a'i daenu dros y deisen â chyllell wlyb.

5 Gosodwch y blodau, y petalau a'r grawnwin ar y deisen cyn i'r eising setio. Byddant yn glynu wrth y deisen wrth i'r eising sychu.

**Mae'r rysáit am eising gwyn plaen ar dudalen 14.*

Powlenaid o siwgr mân

Blodau bychain

Grawnwin

Jam bricyll

Y deisen orffenedig

TRYFFLAU SIOCLED

Mae'r tryfflau hyn y tu hwnt o flasus ac yn toddi dan y dannedd. Bydd y cynhwysion hyn yn gwneud rhyw 8 tryffl, ac os ydych am wneud mwy, dyblwch neu dreblwch y mesuriadau.

OFFER

Bydd angen

Powdwr coco 25g (1 owns)

Siwgr eising 50g (2 owns)

Caws meddal 50g (2 owns)

Cnau wedi'u malu 50g (2 owns)

Vermicelli siocled

Dyma'r camau

1 Rhowch y caws, y cnau (wedi'u malu), y siwgr eising a'r powdwr coco yn y bowlen a'u cymysgu'n dda.

2 Yna rholiwch y cymysgedd yn beli maint marblis yng nghledr eich llaw. Gellwch, os dymunwch, wneud peli mwy o faint.

Rhowlio'r tryfflau

3 Sgeintiwch y bwrdd â *vermicelli*, a rholiwch y tryfflau'n ofalus ynddynt. Yna, rhowch bob un mewn casyn papur.

Y tryfflau gorffenedig